Das Kapital.

für Anfängerinnen und Anfänger
von Jari Banas

VSA: Reprint | 40 Jahre Links

JARICOMIC
VSA: Verlag Hamburg

www.vsa-verlag.de

jaricomic@gmx.de

Das Kapital.

Kritik der politischen Oekonomie.

Von

Karl Marx.

Erster Band.

Buch I: Der Produktionsprocess des Kapitals.

Das Recht der Uebersetzung wird vorbehalten.

Hamburg

Verlag von Otto Meissner.

1867.

Von S. 5 bis Seite 141 unveränderter Nachdruck [mit wenigen währungsbedingten Aktualisierungen] des JARICOMIC aus dem Jahr 1980, nach der Vorlage »Geschichten vom Doppelcharakter. Der Erste Band des ›Kapital‹, gezeichnet und kommentiert von K. Plöckinger und G. Wolfram«, 1974 im VSA: Verlag erschienen.

Druck und Buchbindearbeiten: Beltz Druckpartner GmbH & Co. KG, Hemsbach
ISBN 978-3-89965-514-8

Inhalt

WAS GEHT AB ?!?

IM INTERNET BEZAHLEN LIEBHABER FÜR DIE ORIGINALAUSGABE DIESES JARICOMICS EINE SUMME, DIE EINER WERTSTEIGERUNG VON ÜBER 700% ENTSPRICHT. HÄTTE ICH MEIN HONORAR IN BÜCHERN (WIE JETZT BEI DER REPRINTAUSGABE) BEKOMMEN, DANN HÄTTE ICH GENUG KAPITAL ZUSAMMEN, UM IN ALLER RUHE, AUF KUBA IN DER SCHWEINEBUCHT, MEINE FÜSSE IM MEER BAUMELN ZU LASSEN. DAS HONORAR WURDE IN ANDERE LINKE BUCHPROJEKTE GESTECKT UND DER VSA: VERLAG HAT ES GESCHAFFT, 40 JAHRE POLITISCHE BÜCHER ZU PUBLIZIEREN. GUT SO!

PRODUKTIONSSTÄTTE FÜR COMICS & JARIKATUREN
KREFELD IM APRIL 2012

ICH ZEICHNE IMMER NOCH COMICS & JARIKATUREN, MALE BUNTE, WILDE BILDER, BEZEICHNE MICH ALS LEINWANDSCHRECK UND WERDE ZUM KLEINSERIENTÄTER, WENN ICH EINEN GUTEN EINFALL MEHRMALS KOPIERE. IDEEN & IDEALEN BLEIBE ICH MIT MEINEM HERZBLUT TREU UND DAS IST DER SPASS, DEN WOHL AUCH CHARLY IN DIESER BILDERGESCHICHTE VERBREITET. ICH HABE ZWEI NEUE SEITEN GEMALT, HÄTTEN AUCH GANZ VIELE WEITERE BILDER SEIN KÖNNEN... ABER, MAN DARF KARL MARX NICHT VOR DIE BRUST SPUCKEN UND SAGEN, ES REGNET, UMGEKEHRT GEHT'S; DANN NENNT MAN ES ANREGUNGEN!
JEDER ERST FÜR SICH & DANN FÜR ALLE!

JARI

JARI BANAS (ehemals JARI PEKKA CUYPERS)

Einfeeling in das »Kapital«

EINES MORGENS IN ALLER STILLE...
HOCH!
ABBA WEG!
NIEDER!!
KRAMPF II
FAUST
MEW 19
MEW 20
MEW 21½
MEW 22
DONALD DUCK
MEW 24
MEW U.S.W.
FRUST
MSV 2:1
NEE!
GLEICH GEHTS LOS...
KARL MAI
ALS EINFÜHRUNG IN DIESEN COMIC EMPFEHLEN WIR, DIESE SEITE AUSZUMALEN. DANKE
JARI

RATTER
RATTER RATTER
RATTER RATTER RATTER
?
SPUCK

'N MOMENT
RATTER
RATTER
RATTER
OKAY! IST SCHON GUT
JEDEN MORGEN MITTEN IN DER NACHT AUFSTEHEN IST ZIEMLICH GEMEIN

GURGEL'
GURGEL'
GURGEL'
MURMEL'
MURMEL'
SCHLUCK'

DAS IST EIN DING, DASS SO EIN UNDING VON WECKER MEIN' TAGESABLAUF BESTIMMT
1

DIESES FRÜCHTCHEN DES SPÄTKAPITALISMUS GEHÖRT VERBOTEN
2

WARUM DARF DIESER MOLOCH MITTEN IN DER NACHT MILLIONEN VON WERKTÄTIGEN BE= LÄSTIGEN ?
3

WARUM SEUFZEN UNTER SEINEM JOCH WOHNGEMEIN= SCHAFTEN, FAMILIEN UND SINGLES ?
4

WEG MIT DEM BLÖDEN WECKER !
5

JAWOHL
GENAU
HÄCH'?
6

TAG!
HALLO!
ÄÄH...
FRIEDE, FREUNDSCHAFT, EIERKUCHEN &
JARI

REVOLUTION!

GLEICH GEHT'S LOS! ABER ECHT!

ZEIG' MAL!
DAS KAPITAL
... MURMEL, MURMEL, BLA, BLA, LABER ...
NA?
NÖÖ! ZU SCHWER, ZU DICK UND KEINE BILDER

Gesellschaftsspiel

IN WELCHER WEISE PRODUZIERT WIRD UND IN WELCHER FORM DIE HERGESTELLTEN PRODUKTE VERTEILT WERDEN, UNTERSCHEIDET DIE VERSCHIEDENEN GESELLSCHAFTSFORMEN

BUH' SCHWERES SPIEL!

HIER! HALT' MAL FEST

WAS'N*

*AUF WELCHE WEISE GESCHIEHT DIES ALLES IN DER BÜRGERLICHEN GESELLSCHAFT? WIE SORGEN DIE MENSCHEN IN DIESER GANZ BESTIMMTEN GESELLSCHAFT FÜR IHR LEBEN?

ICH KOMM' MIR VOR WIE AUF'M TRAININGS= LAGER VON BATTERIE LEIPZIG

KOMM' MAL MIT! WIR UNTER= SUCHEN KURZ DIE BÜRGER= LICHEN PRODUKTIONSVER= HÄLTNISSE UND GUCKEN BISSCHEN, WIE IN DER BÜRGERLICHEN GE= SELLSCHAFT PRODUZIERT WIRD...

WOHIN GEHT'S NUN?
ICH GLAUB' ZUM RÖNTGEN. WIR DURCHLEUCHTEN DAS VERHÄLTNIS VON LOHNARBEIT & KAPITAL
AHA! HAB'S DOCH GEAHNT! DA... DIE BÜRGERLICHE GESELLSCHAFT IST EINE WARENPRODUZIERENDE GESELLSCHAFT. DIE WARENPRODUKTION IST EINE PRODUKTION, DIE VON UNABHÄNGIGEN PRIVATPRODUZENTEN BETRIEBEN WIRD!
BUH!
TSCHÜÜS, ICH HAB' SCHON ZUVIEL GELERNT
DU KARL, ICH FINDE UNSER SPIEL ECHT BLÖD! WIRKLICH
ÄÄH, SCHLUCK ABER JETZT GEHT'S DOCH ERST RICHTIG LOS! MIT'M ECHT TOLLEN VERKLEIDUNGS-SPIEL...
BIS BALD!
HUCH, ICH BIN EIN BÄCKER
UND ICH SPIEL' WOHL SOWAS WIE 'NE SCHREINERIN

UND NUN?
ICH FAHR' EUCH JETZT ZU DEN ALLGEMEINEN GRUNDLAGEN DER WAREN=PRODUZIERENDEN GESELLSCHAFT
ALLES IST MEIN PRIVAT-EIGENTUM
ICH SÄE
ICH ERNTE
MEIN LAND
GETREI
MEIN PRODUKT
DEIN AUFTRITT
ICH PRODUZIERE UNABHÄNGIG VON DEM, DENN MEIN PRIVATEIGENTUM AN DEN PRODUKTIONSMITTELN MACHT DAS PRODUKT MEINER ARBEIT ZU MEINEM EIGENTUM!
HAUS
GERÄTE & MEHL
MEINE ARBEITS=KRAFT(=FÄHIGKEIT)
DAS GEHÖRT MIR
GRUND & BODEN
DEINEN SPRUCH BITTE...
ÄÄH, ICH PRODUZIERE AUCH NICHT ALLES SELBST FÜR MEINE VIELSEITIGEN BEDÜRFNISSE. GENAU WIE IHR

DIE ARBEIT ZWISCHEN UNS IST GESELLSCHAFTLICH AUFGETEILT. JEDER PRODUZIERT ETWAS ANDERES.
MEINSTE?
ARBEITSTEILUNG
WIR SIND PRIVATPRODUZENTEN - WIR SETZEN UNS NICHT ZUSAMMEN, UM GEMEINSAM UNSERE PRODUKTION ZU PLANEN, JEDER VERSUCHT SO VIEL WIE MÖGLICH HERZUSTELLEN...
... DENN - WIR MÜSSEN AUF DEM MARKT UNSE=RE PRODUKTE GEGENSEITIG AUSTAUSCHEN, UM ALLES ZU=BEKOMMEN, WAS WIR BRAUCHEN
WIR SIND VON EIN=ANDER ABHÄNGIG UND AUFEINANDER ANGEWIESEN
EH, GUCK' MAL! UNSERE PRODUKTE SIND VON VORN' HEREIN ZUM AUSTAUSCH BESTIMMT
KLAR! SIE WERDEN KONSUMIERT VON DENEN, DIE SIE ERWERBEN WERDEN
HALLO PRODUKTE! IHR SEID ASTREINE WAREN

Doppelcharakter der Ware

NA?
NA JA, LUSTIG. ABER ICH MÖCHTE DEN STUHL, WEIL ICH IHN GEBRAUCHEN KANN, ER IST MIR QUASI VON NUTZEN
ICH HAB' DAS BE= DÜRFNIS NACH'M MANTEL, ER HAT FÜR MICH GE= BRAUCHSWERT!
BITTE SCHÖN:
HE, HE! AUFHÖREN! DIE NÜTZLICHKEIT EINES GEGEN= STANDES MACHT IHN ZUM GE= BRAUCHSWERT UND NICHT ZUM STREITWERT!
WAREN
UFF
ZACK!
MEIN
PLATSCH
AUA!
ÄÄH, ALLES IN ORDNUNG? ... DIE WAREN HABEN ZWAR UNGLEICHE QUALITÄT, UNTERSCHIEDLICHEN GEBRAUCHSWERT. WENN IHR ALSO STUHL UND MANTEL TAUSCHT, SO HABT IHR DIESE BEIDEN JA GLEICH= GESETZT. SIE MÜSSEN DEMNACH GLEICHE QUALITÄT HABEN?!?
IST SCHON KLAR! WIR MUSSTEN NUR BISSCHEN BEWEGUNG HABEN

ABER WORIN SIND SIE DENN GLEICH, ...ÄÄH WELCHE EIGENSCHAFTEN SIND DAS DENN, WENN DER GEBRAUCHSWERT DOCH UNGLEICH IST?
KOMMT! MEINE WURST= FINGER ER= KLÄREN ES EUCH...
WAREN SIND JA PRODUKTE MENSCHLICHER ARBEIT!
EGAL NUN WELCHE KONKRETE ARBEIT ES IST, ...
...WIR MÜSSEN UNSERE MENSCHLICHE ARBEITS= KRAFT VERAUSGABEN...
...UM DIE WAREN HER= ZUSTELLEN, DAS IST DIE GLEICHE QUALITÄT!
IHR SAUGT DIE WEISHEIT AUS DEN FINGERN, ABER ICH SEHE KEINE GLEICH= HEIT
NUN PASS' MAL AUF! DAS RESULTAT DIESER ALLGEMEINEN ARBEIT GIBT DEN WAREN DIE EIGENSCHAFT, DASS SIE WERTE SIND! DIESER WARENWERT ZEIGT SICH NUR BEIM AUS= TAUSCH!
ZWEI WAREN WER= DEN GETAUSCHT, WEIL SIE ALS WERTE GLEICH SIND. WERT IST KEINE NATÜRLICHE, SONDERN GESELLSCHAFT= LICHE EIGEN= SCHAFT. WAREN TAUSCHEN SICH GEGEN= SEITIG NUR AUS, WEIL SIE ALS WERTE GLEICH SIND. ALLES KLAR, KEINER WEISS BESCHEID

DIE WERTGRÖSSE IST BESTIMMT DURCH DIE ZUR PRODUKTION ERFORDERLICHE ARBEITSZEIT!

TSCHÜÜÜS, ICH MUSS MAL EBEN
TSCHÖÖ, ABER ICH HÄTT' NOCH EINE KLITZEKLEINE FRAGE...
WAS'N?
ES GIBT DOCH LEUTE, DIE ARBEITEN ZIEMLICH LANGSAM... HAT DANN IHR PRODUKT MEHR WERT, ALS JENES DER LEUTE, DIE SCHNELLER ARBEITEN
?!? NÖÖ! DIE WERTGRÖSSE HAT GESELLSCHAFT= LICHE GELTUNG, SIE BESTIMMT SICH AUF DEM MARKT
AHA
GESCHAFFT! ...ABER NUR BEINAH'
WEISST DU, WAS DIE GESELLSCHAFT= LICH NOTWENDIGE ARBEITSZEIT IST?
KLAR! SIE BESTIMMT DIE WERTGRÖSSE EINER WARE, RESULTIEREND DARAUF, WIEVIEL IM GESELL= SCHAFTLICHEN DURCH= SCHNITT ARBEIT ZU IHRER HERSTELLUNG VERWENDET WURDE. UNKLAR?
JARI

Der Austauschprozess

WIE BITTE?
KEINE ANGST, ICH WEISS NOCH WAS SCHWIERIGERES...
SCHEISS LOS
...DIE WARE, DIE DEN WERT EINER ANDEREN AUSDRÜCKT, IST EIN ÄQUIVALENT
ÄQUI?
TJA, DER MANTEL IST FÜR MICH GEBRAUCHSWERT —ALS KLEIDUNGSSTÜCK— UND ER ZEIGT UNMITTELBAR DEN WERT DER STÜHLE AN... ÄQUIVALENT!
ABER WEISST DU WAS?!? FÜR MICH IST DER MANTEL KEIN GEBRAUCHSWERT, ICH PRODUZIERE IHN JA FÜR DEN MARKT, ALS TAUSCHMITTEL, ALS BLOSSEN WERT ALS ÄQUI...ÄÄH... 1-2-3... ÄQUIVALENT!
JETZT WIRD'S SPANNEND

SCHLUCK!
UND ICH HAB' AUCH NOCH ANDERE BE= DÜRFNISSE! ICH KANN FÜR DIE 2 STÜHLE NOCH 5 ztn. KARTOF= FELN oder 3 PAAR SCHUHE oder 15m BAUMWOLLSTOFF oder 10g. GOLD BEKOMMEN!!!
ÄQUI!
BLUBB' BLUBB'
JAWOHL! MEINE STÜHLE HABEN GENAUSO VIELE ÄQUIVALENTE, WIE ICH WAREN ZUR AUSWAHL HABE! BASTA
TSCHÖÖ!
WENN DU GEHEN WILLST, DANN GEH...
UND NUN ZEIG' ICH ALLEN UNGE= DULDIGEN COMICLESERN, WIE ICH MEINE WARE MIT ANDEREN WARENPRO= DUZENTEN TAUSCHE!

SO GEHT'S JEDEM WARENPRODUZENTEN, ER MUSS LANGE SUCHEN, BIS ER EINEN TAUSCHPARTNER FINDET...

TAG!
SCHLUCHZ'

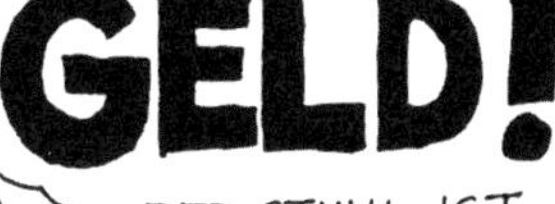
ÄQUIÄÄH
ÄQUIÄÄH
ÄQUIÄÄH
DU BRAUCHST DOCH NICHT WEINEN-SCHLUCHZ-IST NICHT SCHLIMM – NUR EINE KLEINE TAUSCHKRISE... WEISST DU WAS!?! – WIR MACHEN AUS DEN STÜHLEN WAS GANZ NEUES! HÖR' MAL ZU: WIE DER WERT DER 2 STÜHLE SICH IN ANDEREN WAREN AUSDRÜCKT, SO KÖNNEN DIE ANDEREN WARENBESITZER IHRE WAREN GEGEN STÜHLE TAUSCHEN! DIE STÜHLE WÜRDEN DEN WERT ALLER ANDEREN WAREN AUSDRÜCKEN. DER STUHL WÜRDE SO ZUM ALLGE= MEINEN ODER GEMEIN= SAMEN ÄQUIVALENT FÜR ALLE SONSTIGEN WAREN WERDEN

ÄQUIÄÄH, SCHLUCHZ'... UND WAS HAB' ICH DAVON?
GELD!
DER STUHL IST GELD ääh... aber nur WENN ER DER EINZIGE IST, DER IN DER GESELL= SCHAFT DIE FUNKTION DES ALLGEMEINEN ÄQUIVALENTS HAT
"BOING"

ENTSTEHUNG DES GELDES:

GELD IST DURCH GEWOHNHEIT ENTSTANDEN, HAT SICH QUASI UNMITTELBAR AUS DER TÄGLICHEN PRAXIS ERGEBEN, UNABHÄNGIG VON DER BEWUSSTEN PLANUNG DER EINZELNEN

ALS GELD SETZTEN SICH DINGE DURCH, DIE...

...SELTEN & KOSTBAR, DIE TEILBAR UND HALTBAR WAREN,

MAN MUSSTE SIE AUFHEBEN UND JEDERZEIT GEGEN ANDERE WAREN AUSTAUSCHEN KÖNNEN...

MEIN STUHL* GEHÖRT WOHL NICHT DAZU!?!

* LEIDER IST GOLD HISTORISCHE GELDWARE IN DER BÜRGERLICHEN GESELLSCHAFT GEWORDEN

Das Geld

ICH KOMM' MIR VOR WIE IN'M COMIC
GELD! GELD! EIGENTLICH NUR EINE BESONDERE WARE, ABER MIT GANZ BESTIMMTER FUNKTION
HABEN
WAS DENN?!? MICH ODER DEN MANTEL?
JETZT SIND NICHT MEHR DIE BESONDEREN WAREN DIREKT GEGENÜBERSTEHEND, SONDERN WARE UND GELD
CHARLIIIIIIH!
GELD!
Ware → Geld → Ware

GELD VERMITTELT SO
DEN WARENAUSTAUSCH
→ ZIRKULATION (WIEDER EIN FREMDWORT ZUM ANGEBEN)
DIENT ALSO ALS

ZIRKULATIONS-MITTEL

JETZT VERKAUFE ICH ABER MEINEN STUHL
ENDLICH! DAS GELD BRING' ICH HEIM!
ASTREINER STUHL ZU VERKAUFEN!
NOCH MEHR GELD NACH HAUSE TRAGEN!!
ICH KAUFE NICHTS VON DEM GELD! ICH MÖCHTE DAUERHAFT IM BESITZ DES WERTS MEINER WAREN BLEIBEN
SPARSTRUMPF
HUCH! SCHON WIEDER 'NE NEUE SITUATION
HAHA! DU WILLST WOHL ALS WAREN=PRODUZENT DIESEN WERT NOCH VERMEH=REN, ODER BABE?
NUN HÖR' MAL SCHARF ZU: ES IST FÜR MICH EINE EXISTENZFRAGE!!! ICH MUSS DIE ZUM LEBEN NOTWENDIGEN DINGE AUCH DANN AN=SCHAFFEN KÖN=NEN, WENN ES MIR z.B. NICHT GELINGT, MEINE STÜHLE ZU VER=KAUFEN
UND WEISST DU WAS!?! DU HAST DA=MIT DEN ZWECK DES AUSTAUSCHS GEÄNDERT!!!

UND JE MEHR ICH SPARE, DESTO SICHERERER BIN ICH DOCH IN NOTSITUATIONEN. MAN ääh FRAU MUSS SICH EINE UNABHÄNGIGKEIT VOM MARKT ZUSAMMENSPAREN. HAB' ICH MAL GENUG KNETE, KANN ICH ALLE WAREN KAUFEN
NNNNN
SCHNARCH SCHNARCH
OH WIE SCHÖN
ICH MUSS MEINE BEDÜRFNISSE EINSCHRÄNKEN, MUSS VIEL ARBEITEN UND WENIG KONSUMIEREN
NICHT SCHÖN
?!?
GUTEN MORGEN! SOVIEL IHR AUCH ARBEITEN UND SPAREN MÖCHTET, EUER REICHTUM WIRD RELATIV KLEIN BLEIBEN UND SICH NUR LANGSAM VER= MEHREN, DENN DIE QUELLE DES REICHTUMS IST EURE EIGENE ARBEITS= KRAFT. AMEN
OHO!

Verwandlung von Geld in Kapital

ICH GLAUB' WIR KENNEN UNS SCHON
SCHLEIF'
ALS WARENPRODUZENT UND SPORTLER TAUSCHE ICH DIE VON MIR RRODUZIERTE WARE, DIE FÜR MICH SELBST KEINEN GEBRAUCHSWERT HAT, GEGEN GELD AUS
SCHNELL DIE KURVE KRATZEN
HIER NÄHRWERT
SCHNELL MANN, ICH KAUFE MIT DEM GELD WAREN, DIE FÜR MICH GEBRAUCHSWERT HABEN
QUIIESCH!
DA!
W-G-W
Ware Geld Ware

DER WARENAUSTAUSCH MITTELS GELD ERMÖG= LICHT DIE ZEITLICHE TRENNUNG VON VER= KAUF UND KAUF. UND DAMIT DAS SPAREN VON GELD. DURCH SPAREN WERDE ICH GELDBE= SITZER
DIE VERFÜGUNGS= GEWALT ÜBER DAS GESPARTE GELD DAUERT JEDOCH NUR SOLANGE, WIE ICH DAS GELD NICHT WIEDER AUS= GEBE
WENN ICH FÜR GELD AUF DEM MARKT WAREN KAUFE...
... UND SPÄTER WIEDER VERKAUFE, VOLLZIEHE ICH DIE BE= WEGUNG: (SIEHE UNTEN ↓
HE! DU FLASCHE
GRRRR
G-W-G
Geld
Ware
Geld

NEE, NEE... ICH HAB' AM ENDE NICHT MEHR EIER ALS ZUVOR, UND ZUDEM HAB' ICH MEINE EIER DEN GEFAHREN DES MARKTES AUSGE=SETZT. NIEMAND GARANTIERT MIR, DASS ICH DIE GEKAUFTEN WAREN WIEDER ZU DEM SELBEN PREIS WIEDER VERKAUFEN KANN
HUCH! 50 EIER HAB' ICH AUSGE=GEBEN & 50' HAB ICH WIEDER BE=KOMMEN
SCHÖN SINNLOS
SPAREN VON GELD IST KEIN WEG, UM MIT SEI=NEM GELD MEHR GELD ZU ERWER=BEN

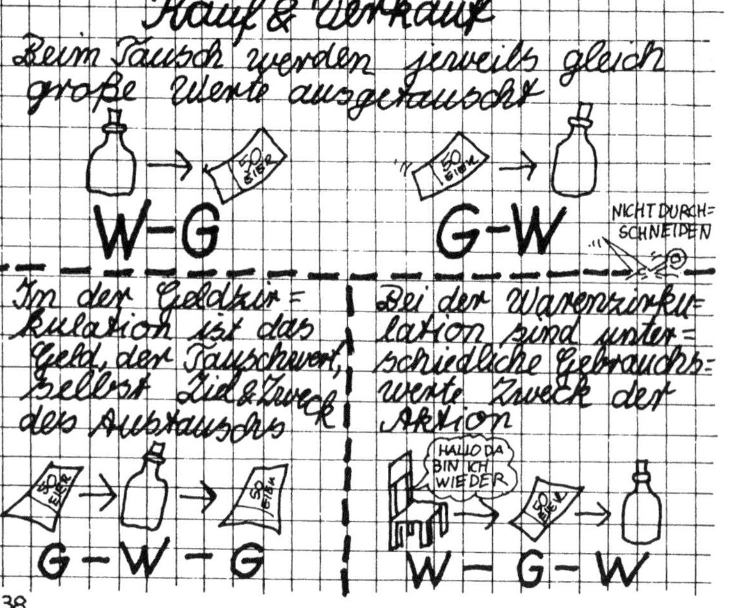
Gemeinsam ist bei den Kreisläufen
Kauf & Verkauf
Beim Tausch werden jeweils gleich große Werte ausgetauscht
W-G
G-W
NICHT DURCH=SCHNEIDEN
In der Geldzir=kulation ist das Geld, der Tauschwert, selbst Ziel & Zweck des Austauschs
Bei der Warenzirkulation sind unter=schiedliche Gebrauchs=werte Zweck der Aktion
HALLO DA BIN ICH WIEDER
G – W – G
W – G – W

DIESER KREISLAUF G-W-G IST NUR SINNVOLL, WENN DER GELDBESITZER AM ENDE IST?!... ÄH... SINNVOLL, WENN DER GELD= BESITZER AM ENDE MEHR GELD ERHÄLT, ALS ER VORGESCHOSSEN HAT
JA! ICH VER= STEHE; DAS PRINZIP DER WENDEL= TREPPE
JARI
Zweck ist also die Bewegung von
Geld zu mehr Geld
G-W-G'
LAHDEN ERIKOIS OLUT
HÄHÄHÄHÄ
DER URSPRÜNGLICH VORGE= SCHOSSENE GELDWERT MUSS SICH VERGRÖSSERN, ER MUSS
ECHT?
MEHRWERT *
ZU SETZEN
*=ÜBERSCHUSS ÜBER DEN UR= SPRÜNGL. VORGESCHOSSENEN WERT
VORHER
NACHHER

DIESE BEWEGUNG DER WERTVERGRÖSSERUNG VERWANDELT DAS GELD IN KAPITAL. ... HE, VORSICHT! HEISS UND FETISCH!
KAPITAL
KAPITAL
KAPITAL
KAPITAL
SCHULDIGUNG
'NE FRAGE: WENN DOCH GLEICH GROSSE WERTE GETAUSCHT WERDEN, ALSO GLEICHE WERTGRÖSSEN GEKAUFT UND VERKAUFT WERDEN, KANN JA NICHT MEHR GELD, ALSO MEHRWERT ER= ZIELT WERDEN–WOHER KOMMT ABER DIESE WERTVERGRÖSSERUNG, DER MEHRWERT?
KANNSTE MICH NICHT WENIG= STENS IN STRESS= SITUATIONEN MIT DEINEN ÜBER= LEITENDEN FRAGEN IN RUHE LASSEN!
SCHWUPP

Der Fetisch-Charakter der Ware und des Geldes

MURMEL MURMEL SCHNARCH SCHNARCH

SPINN' ICH ODER BIN ICH NUR BEKLOPPT ?!? BEI UNS IST DAS DOCH AUCH WIEDERZUFINDEN! NATURKRÄFTE SIND FÜR UNS KEINE GEHEIMNISSE MEHR, TROTZDEM ERHALTEN ARBEITSPRODUKTE EINEN FETISCH-CHARAKTER!!!

PSSST! KARL IST ÜBER SEINE THEORIEN EINGESCHLAFEN

FLIMMER FLIMMER

JARI

BEREITS IM EINFACHEN AUSTAUSCH ZEIGT SICH DER

FETISCHCHARAKTER DER WAREN

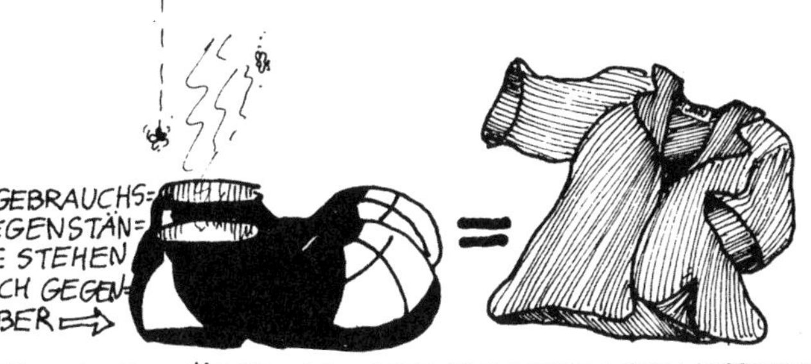

DER MANTEL ÜBERNIMMT DIE FUNKTION, DEN WERT DER SCHUHE AUSZUDRÜCKEN:

1 PAAR SCHUHE SIND 1 MANTEL WERT

HE MANTEL! WEISST DU WAS? MEINEN WERT KANNST DU ALS GEBRAUCHSWERT NUR AUSDRÜCKEN, WEIL WIR BEIDE GESELL=SCHAFTLICHE ARBEIT ENTHALTEN

IST MIR SCHON KLAR, DU KLEINER STINKER, OBWOHL DAS NICHT SICHT=BAR IST

DER TAUSCHWERT MANTEL SCHEINT AUFGRUND SEINER NATÜRLICHEN EIGENSCHAF=TEN ALS GEBRAUCHSWERT AUSTAUSCHBAR ZU SEIN

DEN BETEILIGTEN WARENBESITZERN SCHEINEN DIE WAREN SICH ALSO AUFGRUND IRGEND=WELCHER GEHEIMNISVOLLEN NATUREIGEN=SCHAFTEN AUSZUTAUSCHEN:

PRODUKTE MENSCHLICHER ARBEIT ERHALTEN SO SCHEINBAR EIN EIGENLEBEN...

WIR GEWINNEN MACHT ÜBER DIE MENSCHEN:

FETISCHCHARAKTER DER WARE

DIESER WAHNSINN VERSTÄRKT SICH, WENN NUN DIE WAREN GEGEN GELD GETAUSCHT WERDEN

BESTIMMTES METALL ODER BEDRUCKTE PAPIERZETTEL SCHEINEN NUN DIE MAGISCHEN FÄHIGKEITEN ZU HABEN, ALLE WAREN KAUFEN ZU KÖNNEN, UND ZWAR ALS GEBRAUCHSWERT, UND DAS ALS STÜCK KALTES METALL ODER ALS BLOSSER PAPIERFETZEN!

FETISCHCHARAKTER DES GELDES

DIE WARENPRODUZENTEN ERKENNEN ÜBERHAUPT NICHT MEHR, DASS DAS GELD NUR DIE ALLGEMEINE WARE, DAS ALLGEMEINE ÄQUIVALENT IST

ES IST VÖLLIG VERDECKT, DASS DAS KAUFEN UND VERKAUFEN NICHTS ANDERES IST, ALS DAS BESONDERE GESELLSCHAFTLICHE VERHÄLTNIS DER EINZELNEN WARENPRODUZENTEN ZUEINANDER

WEIL SIE NICHT GEMEINSAM PRODUZIEREN, MÜSSEN SIE ALLE MITEINANDER KONKURRIEREND HINTER DEM GELD HERLAUFEN

SCHEINBAR VONEINANDER UNABHÄNGIG
ALLESAMT ABHÄNGIG VOM GELD
EURO
2012
LASS' UNS AUSSTEIGEN.
WAS BESSERES ALS DEN
TOD FINDEN WIR
ÜBERALL
GELD BEHERRSCHT ALS
FETISCH DIE GANZE
GESELLSCHAFT

UND NUN?!? – DES MENSCHEN EIGENES PRODUKT TRITT ALS FREMDE MACHT IHNEN AUF DIE FÜSSE BZW. ES TRITT IHNEN AUF DEM MARKT ENTGEGEN. DER AUSTAUSCH=PROZESS ERSCHEINT ALS EIN PROZESS ZWISCHEN DEN WAREN, ALS BEZIEHUNG ZWISCHEN BLOSSEN DINGEN UND NICHT ALS BEZIEHUNG ZWISCHEN DEN MENSCHEN, QUASI ALS ABGEWRACKTE BEZIEHUNGSKISTEN

MERKE! IN DER KAPITALISTISCHEN WARENPRODUK=TION NEHMEN DIE GESELLSCHAFTLICHEN BEZIEHUN=GEN ZWISCHEN DEN MENSCHEN DIE FORM EINER BEZIEHUNG VON SACHEN AN

MUMPF!
MUMPF... ÄÄH TAG! WIE LAUFT IHR DENN 'RUM UND WARUM?
MUMPF!
AUCH MUMPF
HOFFENTLICH SIND DIESE SCHACHTELN NICHT DAS PRODUKT MEINER DIALEKTISCHEN DIDAKTIK ODER UMGEKEHRT
MUMPF bzw DANKE
JARI
?

NA, WIE WAR UNSER SPIEL= CHEN BIS JETZT?
OCH, JA... ÄÄH... WEISST DU, ... HM DU GIBST DIR ECHT MÜHE. DAS FINDEN WIR UN= HEIMLICH DUFTE!
KÖNNT IHR EUCH NICHT 'N BISSCHEN KONKRETER AUSDRÜCKEN?
ÄÄH, KANNSTE NICHT 'N PAAR KONKRETE SACHEN AN DEN HAAREN HERBEIZIEHEN?
JARI
ICH ZIEH' NIE WAS AN DEN HAAREN HERBEI. ICH KANN EUCH HÖCHSTENS WAS VOR= ZAUBERN
NA' DANN ZAUBER DIR ERST PAAR NEUE SCHUHE
UND DANN NOCH EINEN FETTEN KAPITALISTEN UND 'N KNACKI= GEN ARBEITER
JARI
JARI

PENG!
HÄCH?!?
WER HAT
MICH ENT=
FÜHRT?
AUF GEHT'S
ZACK!

Kauf und Verkauf der Arbeitskraft

OKAY! ICH MIETE DEINE ARBEITSKRAFT FÜR —.. NA SAGEN WIR — ÄÄH FÜR EINEN MONAT! WAS WILLSTE DAFÜR?
SCHLUCK' ICH MUSS HALT LEBEN KÖNNEN!
NATÜRLICH, NATÜRLICH. DAS HEISST ALSO: LEBENSMITTEL FÜR DICH, DEINE FRAU, DEINE KINDER (SCHLIESSLICH BRAUCHEN WIR IN 20 JAHREN AUCH NOCH ARBEITER), AUSSERDEM KRIEGSTE MITTEL ZUR ER= HOLUNG UND FREIZEIT etc. OKAY?
GUCK' DIR DIESEN BOWLER AN! ER KOSTET 100 EIER UND WARUM? NICHT WEIL ER MIR 100 EIER WERT IST, NÖÖ, WIRKLICH NICHT, SONDERN WEIL ARBEITSZEIT IN IHM STECKT. UND GENAUSO IST ES MIT DER ARBEITSKRAFT! DA! HIER UNTEN, JA DA! WAS SIEHST DU DA ?!? DAS SIND DIE MITTEL UM DAS DING HERZUSTELLEN, DA STECKT DAS GESAMTE SOZIALE GEFÜGE DRIN! UND DAS MACHT DEN WERT DIESES BOWLERS AUS!
VERSTEHE, SCHEISSE HAT AUCH IHREN WERT

AUA! ICH ZAHL DIR DAS, WAS DEINE ARBEITS= KRAFT WERT IST. DAS SIND 1250 EIER IN EINEM MONAT!
ÄÄH, ABGEMACHT
VERRATEN UND VER= KAUFT
NACH 2 WOCHEN:
NA WIE GEHT'S? WAS MACHT DIE ARBEIT & FRAU?
ÖCH, GANZ GUT. ICH HAB' SCHON 15 TISCHE GEMACHT
OH WIE SCHÖN! (FÜR DEN KAPITALISTEN) ABER WILLSTE ZUR ABWECHS'LUNG NICHT MAL BISSCHEN RECHNEN?
EIGENTLICH NEIN, ABER WARUM NICHT
UND WAS?
DIE TISCHE WERDEN FÜR 250,- VERKAUFT
ÄH, MOMENT! HUCH! NEE... KOPFRECHNEN: KATHOLISCH, ABER DA STIMMT WAT NICH!
Verkaufsp. 250,-
Material -100,-
150,-
UND 150,- MAL 15 TISCHE SIND GENAU 2250,- EIER!!!

JETZT WEISS' ICH, WARUM ICH VOR'M SCHLAFENGEHEN EINSCHLAFE – ICH ARBEITE MEHR ALS NOTWENDIG!
DAS IST ECHT GEMEIN!
HE BOSS ICH WILL MEHR GELD!
NÖÖ!
EH! ICH STEH' 2 WOCHEN AN DER WERKBANK UND HAB' SCHON TISCHE IM WERT VON ÜBER 2000 EIERN PRODU= ZIERT
NA UND! IST DOCH SCHÖN! ICH HAB' DEINE AR= BEITSKRAFT FÜR'N MONAT GEKAUFT UND DU WIRST AUCH 1 MONAT FÜR MICH ARBEITEN
DANN ARBEITE ICH WOHL AB JETZT FÜR DEINE TASCHE!
DAS SOWIE= SO!

Der Verwertungsprozess

HARTES SPIELCHEN?!? DER MÖBELHÄNDLER HAT DEN TISCH ÜBER SEINEN WERT GEKAUFT, SIE HABEN IHN ÜBER SEINEN WERT VERKAUFT. EINER GEWINNT, EINER VERLIERT?
JA, JA! GENAU
DAS SPIELCHEN FUNKTIONIERT WOHL SCHON SEIT 150 JÄHRCHEN?
EH' NUN IST ABER SCHLUSS! DER GESELLSCHAFTLICHE REICHTUM IST DOCH IMMENS GESTIEGEN!!!
MOMENT!
HÄCH?
WIR NEHMEN MAL 'NE KLEENE VERÄNDERUNG VOR, EINE UMVERTEILUNG. UFF!
ZACK!!!

UND NUN ZÄHL' MAL WIEDER ALLES ZUSAMMEN

ÄÄH...1–2–3... ÄÄÄH, AN DER GESAMTSUMME HAT SICH NICHTS GEÄNDERT, NUR DIE VERTEILUNG IST LEIDER BISSCHEN DURCH=EINANDER

SIEHSTE! AN DEM GESELLSCHAFTLICHEN REICHTUM HAT SICH NICHTS GEÄNDERT. WENN DU RECHT HÄTTEST, WÜRDEN WIR HEUTE LEBEN WIE VOR 150 JAHREN. DEINE VERSION VON DER ENTSTEHUNG DES MEHR=WERTS KANNSTE DIR IN DEN HUT STECKEN!

DER MEHRWERT ENTSTEHT ALSO NICHT WÄHREND DES KAUFES ODER VERKAUFES, SONDERN SCHON FRÜHER, NÄMLICH IN DER PRODUKTION!!! DIE WARE WIRD GENAU ZU IHREM WERT GEHANDELT UND ZWAR JENACHDEM WIEVIEL ARBEITS=ZEIT IN IHR STECKT!!! DAFÜR SORGT SCHON DIE KONKURRENZ

Maschinen-Arbeit

FURZ
VORSICHT AUSWURF
NA NEHMEN WIR AN, DASS DIESE MASCHINE WIRKLICH VOLLAUTOMATISCH ARBEITEN WÜRDE UND DEN ERSTEN TISCH PRODU= ZIEREN TÄTE
Bitte schauen Sie diesen Tisch genau an
Fragen:
1) Welchen Wert hat er eigentlich?
2) welch Arbeitszeit steckt nun in dem Tisch?
Antwort
Zu 1) Der Wert hängt von der Arbeitszeit ab (also weiter zu Frage 2) Die Arbeits= zeit (→ dieser Wert) ist ja schon bezahlt worden, als Maschine & Holz gekauft wurden
Der Wert dieses Tisches besteht aus 1/1000 des Wertes der Maschine (bei 1 Tisch / Tag) plus Wert des Holzes & der
GEWINN ???
HAHAHA: DIE MASCHINE SETZT KEINEN WERT DA ZU, SONDERN GIBT IHREN AB, WENN SIE ARBEITET, DAHER KANN SIE AUCH KEINE MEHR= ARBEIT LEISTEN, DESHALB
ÄÄHBÄH
TUT MIR UNHEIMLICH LEID, UNVERSCHÄMTER HERR, SIE HABEN DIE PRÜFUNG TOTAL VER= BAUT. ECHT!

Das Unternehmer-Risiko

GRUNZ, GRUNZ! KEINE SAUEREIEN! SIEHSTE NICHT, WIE SCHWER ICH AM RISIKO ZU TRAGEN HABE?

WAS FÜR'N RISIKO?

OINK, OINK, SCHWEINEPEST, KRISEN, FEHLINVESTITIONEN etc...

HAHAHA!!! WAS HEISST DAS? DU VERLIERST DEINE PRODUKTIONSMITTEL UND DANN WÄRSTE GEZWUNGEN, DEINE FETTE ARBEITSKRAFT ZU VERKAUFEN

Die Lohn-Preis-Spirale

↑ OBEN DIE THEORETISCHE ERLÄUTERUNG, UNTEN ↓
PRAKTISCHES BEISPIEL → LOHN-PREIS-POLONAISE ↓

LOHN
MATERIAL
EH' WAT SOLL DAT ?!? VERARSCHEN KANN ICH MICH SELBER?

IM VERGANGENEN JAHR SIND DIE PREISE UM 10% – UNSERE LÖHNE UM 3% GESTIEGEN! WIR FORDERN EINE AN= GLEICHUNG!
BIST' WOHL TOLL IM KOPP!
MEIN LIEBER HERR, ICH VERSTEHE SIE VOLLKOMMEN. ABER DIE ZEITEN SIND NICHT MEHR SO GUT – SIE SIND SOGAR NICHT 'MAL MEHR DAS, WAS SIE WAREN
IHR HABT UNS AUCH FRÜHER, ALS DIE ZEITEN BESSER WAREN, NICHTS GEGEBEN
SCHAUEN SIE SICH DAS AN! EINE SPIRALE, EIN TÜCKISCHER STRUDEL! WENN DIE LÖHNE STEIGEN, STEIGEN DIE PRODUKTIONS= KOSTEN, STEIGEN DAMIT AUCH DIE PREISE
ACH' NEE! WENN DIE LÖH= NE STEIGEN, STEIGEN DIE PREISE GANZ AUTOMA= TISCH, HÄCH?

SO ETWA?

NEE!

ALTER PREIS

NEUER PREIS

LOHN

MATERIAL

LOHNER=
HÖHUNG

LOHN

MATERIAL

LEIDER
WERDEN
DIE
PREISE
NICHT
SO GE=
MACHT

ÄH, PARDON…
WIE WERDEN
DIE PREISE
GEMACHT?

ES FEHLT WAS IN
DEINER VORSTELLUNG,
ETWAS GANZ UNHEIMLICH
ENTSCHEIDENDES-
NÄMLICH DER GEWINN!
ODER BESSER GE=
SAGT DER MEHR=
WERT, DEN WIR
EUCH PRODUZIE=
REN-N'MOMENT…

SO KÖNNT'ES DOCH AUCH LAUFEN!
UNSER PREIS
LOHNERHÖHUNG
GEWINN
LOHN
MATERIAL
'SCHULDIGUNG, IST ABER LEIDER WAHR!
ALTER PREIS
GEWINN
LOHN
MATERIAL
LOHNERHÖHUNG
GEWINN
LOHN
MATERIAL
NEUER PREIS

ABER WIE LÄUFT DAS WIRKLICH ?!? WENN ETWAS KLEINER WIRD, DANN SIND DAS NICHT EURE GEWINNE, SONDERN UNSERE LÖHNE!
ABER GUTER FREUND, AUCH WIR LEIDEN UNTER DER TEUERUNG. WIR BEKOMMEN DAS BENZIN AUCH NICHT BILLIGER, OBWOHL UNSERE AUTOS WEIT MEHR VERBRAUCHEN

Pfui! Sie sind ein ganz fieser Kommunist!
HILFE! MEINE SOZIAL= PARTNER!
AHÄM ... EIN DERARTIG DESTRUKTIVES VERHALTEN DER ARBEITNEHMERSCHAFT KÖNNTE EINEN SCHWEREN RÜCKSCHLAG IN UNSEREN SOZIALPARTNERSCHAFTS VERHANDLUNGEN BE= WIRKEN! DAHER FOR= DERN WIR DIE VER= TRETER DER ARBEIT= NEHMERSCHAFT NOCH EINMAL AUF, VON IHRER, STARREN HALTUNG ABZUGEHEN...
ZDF
ALLES ASCHE

Der Extra-Mehrwert

DIE NOTWENDIGE ARBEITSZEIT ZUR HERSTELLUNG EINES PRODUKTES – UND SOMIT ZUR BESTIMMUNG DES PREISES – IST DIE GESELLSCHAFTLICH-DURCHSCHNITTLICHE ARBEITSZEIT!!! WENN EIN UNTERNEHMER AUFGRUND EINER NEUEN MASCHINE ZUM BEISPIEL UNTER DEM GESELLSCHAFTLICHEN DURCHSCHNITT PRODUZIEREN KANN, JEDOCH ZU DIESEM PREIS VERKAUFT, SO KANN ER EXTRAPROFIT MACHEN!!! ALLERDINGS NUR SO LANGE, WIE ER UNTER DEM DURCHSCHNITTLICHEN WERT PRODUZIEREN KANN! – DAS HEISST ALSO, SO LANGE NICHT AUCH SEINE UNTERNEHMER-KOLLEGEN ÜBER DIE MASCHINE VERFÜGEN.

DIE MASCHINE WIRD ALSO GEBAUT – EINGESETZT – UND: FUNKTIONIERT!!! UNSER UNTERNEHMER KANN BILLIGER PRODUZIEREN – DAS HEISST, DASS WENIGER ARBEITSZEIT ZUR HERSTELLUNG EINES PRODUKTES NOTWENDIG IST. ALLERDINGS VERKAUFT ER ES NUR EIN GANZ KLEIN WENIG BILLIGER ALS DIE KONKURRENZ. ER KANN SIE AUSSTECHEN. KASSIERT ZUSÄTZLICH ZUM MEHRWERT BISSCHEN EXTRAPROFIT. DAS LÄSST DIE KONKURRENZ SCHLECHT bzw NICHT SCHLAFEN:

UND ES DAUERT NICHT LANGE, BIS DR. DÜSENTRIEB'S WUNDER=MASCHINE KEIN GEHEIMNIS MEHR IST...

DER NÄCHSTE UNTERNEHMER, DER ÜBER DIE MASCHINE DR. DÜSENTRIEBS VERFÜGT, GEHT MIT DEM PREIS NOCH EIN STÜCKCHEN WEITER RUNTER UND SO WEITER UND SO WEITER, BIS ALLE AUF DEM SELBEN PREIS SIND — DER GESELLSCHAFTLICHE DURCHSCHNITT ALSO WIE=DER HERGESTELLT IST — UND ES IST WIEDER FÜR 'NE WEILE AUS MIT DEM EXTRAMEHR=WERT

JAMMER"

SCHLUCHZ

ÄTZEND! DIE BRINGEN WOHL NUR NOCH ALTE SCHINKEN=RESTE

ABER NEULICH IM FILM=FORUM WAR'N STARKER FILM: „SUPERMURX GEGEN MONOPOL-MOLOCH", ECHT WIRKLICHKEITSNAH GRUSELIG!

Die Ausbeutung

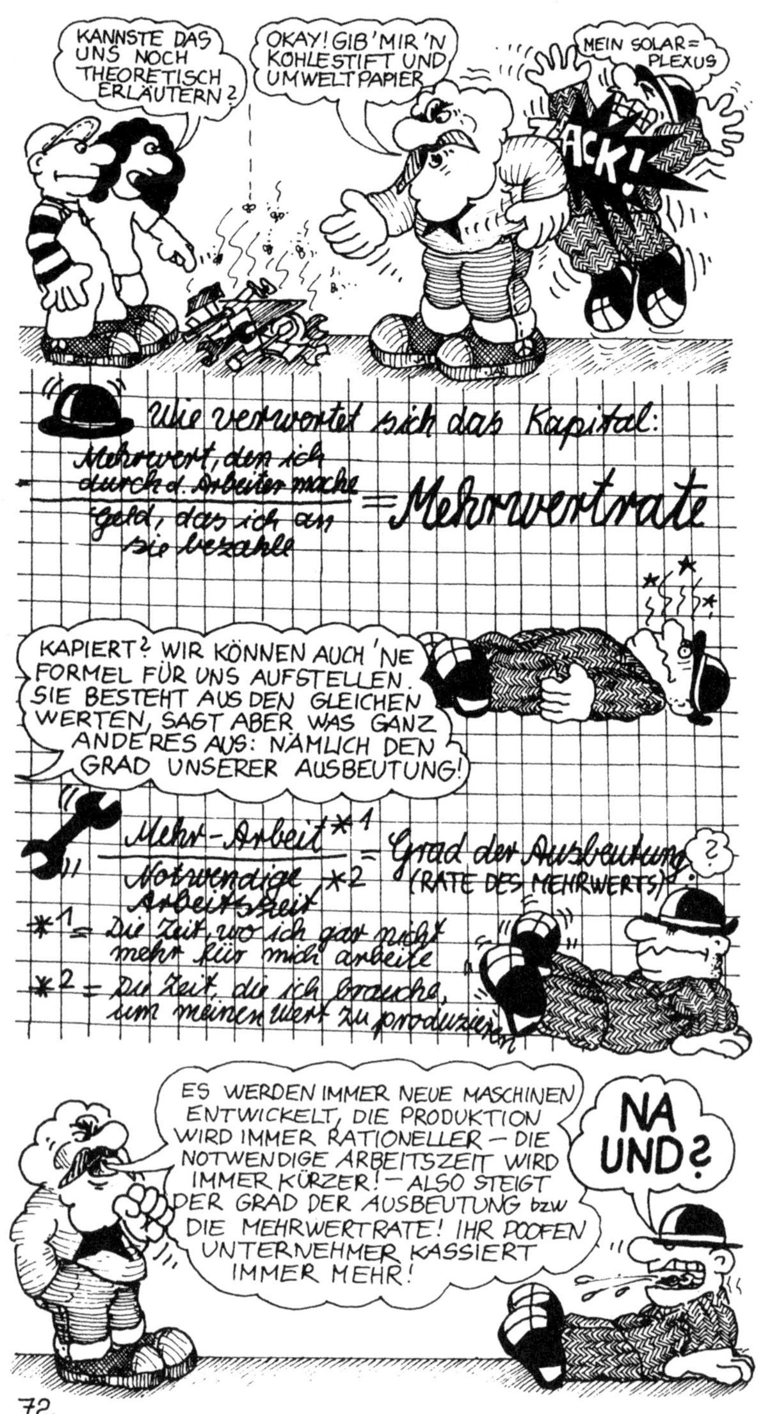

KANNSTE DAS UNS NOCH THEORETISCH ERLÄUTERN?
OKAY! GIB' MIR 'N KOHLESTIFT UND UMWELTPAPIER
MEIN SOLAR= PLEXUS
ZACK!
Wie verwortet sich das Kapital:
Mehrwert, den ich durch d. Arbeiter mache / Geld, das ich an sie bezahle = Mehrwertrate
KAPIERT? WIR KÖNNEN AUCH 'NE FORMEL FÜR UNS AUFSTELLEN. SIE BESTEHT AUS DEN GLEICHEN WERTEN, SAGT ABER WAS GANZ ANDERES AUS: NÄMLICH DEN GRAD UNSERER AUSBEUTUNG!
Mehr-Arbeit *1 / Notwendige Arbeitszeit *2 = Grad der Ausbeutung (RATE DES MEHRWERTS)
?
*1 = Die Zeit, wo ich gar nicht mehr für mich arbeite
*2 = Die Zeit, die ich brauche, um meinen Wert zu produzieren
ES WERDEN IMMER NEUE MASCHINEN ENTWICKELT, DIE PRODUKTION WIRD IMMER RATIONELLER – DIE NOTWENDIGE ARBEITSZEIT WIRD IMMER KÜRZER! – ALSO STEIGT DER GRAD DER AUSBEUTUNG bzw DIE MEHRWERTRATE! IHR DOOFEN UNTERNEHMER KASSIERT IMMER MEHR!
NA UND?

DEN 8-STUNDEN-TAG HABEN WIR UNS SCHON VOR 50 JAHREN ERKÄMPFT - UND AUCH BEHALTEN - UND WENN DU SCHON DAMALS GENUG GEKRIEGT HÄTTEST, DANN WÜRDEST DU HEUTE NOCH FETTER DA STEHEN
DIE ZEIT, DIE WIR BRAUCHEN, UM DEN WERT UNSERER ARBEITSKRAFT ZU PRODUZIEREN, WIRD IMMER KÜRZER. ABER WIR ARBEITEN JA IMMER NOCH 8 STUNDEN, ALSO BEUTEST DU UNS IMMER MEHR AUS, DU LUTSCH!
WEISST DU WAS ?!? MICH INTERESSIERT DEIN GESCHWÄTZ NICHT, SONDERN NUR DIE MASSE DES MEHRWERTS, FALLS DU DAMIT WAS ANFANGEN KANNST
GUCKT' EUCH DAS AN! ER WILL DIE MASSE DES MEHRWERTS STEIGERN!!! WODURCH? GANZ EINFACH: MEHR MEHRWERT VON MEHR ARBEITSKRÄFTEN! ER WILL IMMER MEHR MENSCHEN ZU ARBEITSKRÄFTEN MACHEN UND SIE AUSLUTSCHEN!!! WENIGE LUTSCHER MELKEN IMMER MEHR KÜHE UND DAS IMMER STÄRKER!!! PFUI!
HÄHÄ, ALLE THEORIE IST GRAU BIG BUSINESS IST STRAHLEND!

Arbeitstag und Profit

ICH WEISS' NICHT, WARUM UNSER' SO SCHLAPP IST. ALLE ANDEREN LIEGEN MIT IHRER PROFIT=WACHSTUMS=RATE UM ETLICHE PPOZENT=CHEN HÖHER!
ES MUSS WAS GE=SCHEHEN! 
NEE, NEE SCHRECK=LICH!
?
?

ICH KANN BALD NICHT MEHR
GUCK' MAL: DIE LÄNGE DES ARBEITSTAGES LIEGT FEST. WIR KÖNNEN DIE LEUTE NICHT UMSONST ÜBER DIE ZEIT HINAUS FÜR UNS ARBEI= TEN LASSEN
WIE SOLL ICH ETWAS VER= STEHEN, WAS ICH NICHT SEHE?
HILFE!
FÜHL' MAL!
AH! JETZT IST ALLES KLAR: WIR MÜSSEN VERSUCHEN, UNSEREN MEHRWERT INNERHALB DER FESTGE= LEGTEN GRENZE ZU ER= HÖHEN!

WAS'N ?
WIR ZAHLEN EINFACH DEN LEUTEN WENIGER! UND UNSERE PROFIT= RATE WIRD WIEDER ANSCHWELLEN!
DU, ICH WEISS NICHT, OB DAS TAKTISCH SINNVOLL IST. WIR RISKIEREN STREIKS. ABER WIR KÖNNEN DIE PREISE DER NOT= WENDIGEN LEBENSMITTEL SCHNEL= LER STEIGEN LASSEN ALS DIE LÖHNE! DAS IST AUCH EINE LOHNSENKUNG, ABER IMMER NOCH NICHT DAS GELBE VOM EI
ABER GLEICH DA UNTEN!
WENN WIR ALSO VON DER VORAUSSETZUNG AUSGEHEN, DASS DIE WARE ARBEITS= KRAFT ZU IHREM WERT GEKAUFT WIRD, BLEIBT UNS NICHTS ANDERES ÜBRIG, ALS DIE NOTWENDIGE ARBEITS= ZEIT ZU SENKEN
ARBEITSTAG
NOTW. ARBEITSZ.
MEHR- ARBEIT
SENKEN!
NOTW. ARB. ZEIT
MEHR- ARBEIT
JARI

ES BLEIBT UNS ALSO NICHTS ANDERES ÜBRIG, ALS DEN WERT DER NOTWENDIGEN LEBENSMITTEL ZU SENKEN! DAMIT SINKT DER WERT DER ARBEITS= KRAFT UND DAS HEISST: DIE ZEIT, DIE EIN ARBEITER BRAUCHT, UM SEINEN WERT ZU REPRODUZIEREN, WIRD KÜRZER!
WIE BITTE
BLA BLA
LABER LABER
OH, WÜRDEN DOCH KARL'S WURSTFIN= GER DIESES KOPF= LOSE ZEUG ÜBER= SETZEN
ALSO, DIE KOPFLOSEN JAGEN DEN EXTRA-MEHRWERT! DIE WOLLEN IMMER MEHR IN IMMER WENIGER ZEIT. PFUI!
1
PLÖTZLICH IST DIE ARBEI= TERIN GEZWUNGEN, STATT 5 MÄNTELN 10 MÄNTEL HERZUSTELLEN. UFF!
2
WEIL WENIGER ARBEITSZEIT DRIN STECKT, IST DER MANTEL WENIGER WERT. ABER DIE PRODUKTIVKRAFT IST GRÖSSER
3
BESONDERS DIE KONSUMGÜTER= BRANCHE BAUT AUF DIE STÄNDIGE ERHÖHUNG DES RELATIVEN MEHRWERTS!
4
... UND DAVON LUTSCHEN ALLE ANDEREN UNTER= NEHMER - INDIREKT.
STACK
DIE WURSTFINGER SIND ECHT WAHN= SINNIG. DIE LASSEN VERGESSEN, DASS ICH MANCHES WOHL NIE VERSTEHEN WERDE...
JARI
JARI

Die Arbeitsteilung

MACHT FÜR MICH EIN PAAR NEUE SCHUHE

NEIN! WIR STREIKEN

ODER GIB' UNS WENIGSTENS EINE SCHMUTZ= ZULAGE

BIN GESPANNT, WAS ER DURCH DIESE AKTION UNS BEIBRINGEN WILL

VIELLEICHT BRAUCHT ER EINFACH NUR PAAR NEUE SCHUHE

ECHT DUFTE! SCHÖNE SOLIDE HAND= WERKSARBEIT...

... GENAU WIE DIESE SCHUHE HIER. ABER SIE HABE ICH IN EINER MANUFAKTUR HERSTELLEN LASSEN. DER BESITZER DER MANU= FAKTUR HAT DABEI EIN GUTES GESCHÄFT GEMACHT. ER KANN DIE SELBEN SCHUHE BILLIGER PRODUZIEREN, WEIL DIE FESTEN KOSTEN SICH AUF MEHRERE SCHUHE VERTEILEN. AUSSERDEM GLEICHEN DIE UNTERSCHIEDLICHEN ARBEITS= LEISTUNGEN DER EINZELNEN HANDWERKER SICH ZU EINEM SOLIDEN DURCHSCHNITT AUS. UND JE MEHR HANDWERKER IN DER MANUFAKTUR ARBEITEN, DESTO KLEINER DAS RISIKO FÜR DEN BESITZER
JARI

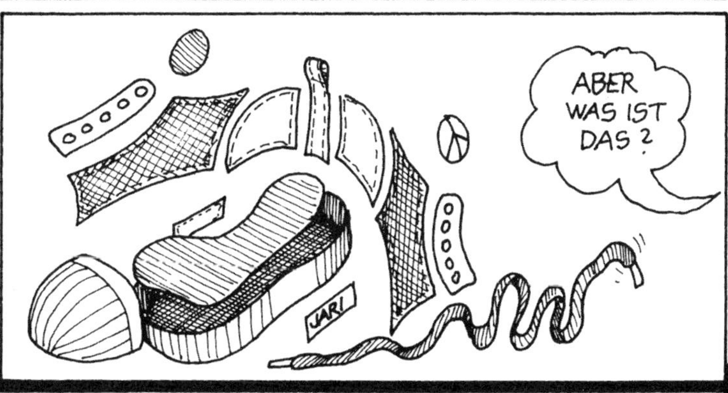
ABER WAS IST DAS?
JARI

RATTER RATTER

HILFE! FLIESSBAND

DAS HAT AUCH NOCH GEFEHLT! DER ARBEITER VORNE WEISS NICHT, WAS HINTEN 'RAUS KOMMT. NUR DER UNTERNEHMER WEISS MAL WIEDER GANZ GENAU, WAS FÜR IHN ABFÄLLT!

JARI

Die Mitbestimmung

WIRD DAS SO AUSSEHEN
AHÄM, MEINE DAMEN UND HERREN ICH GEBE DAS ABSTIMMUNGSERGEBNIS BEKANNT: SÄMTLICHE ARBEITNEHMERVER= TRETER STIMMTEN FÜR EINE 30%IGE LOHNERHÖHUNG UND FÜR EINE SENKUNG DER AR= BEITSZEIT UM 10 STUNDEN. DAS MIT= BESTIMMUNGSGREMIUM HAT DEN ANTRAG ANGENOMMEN
HAHAHAHAHA!
LEIDER WIRD SICH DAS SO ABSPIELEN
RÄUSPER, RÄUSPER... ICH MUSS MEIN BEFREMDEN ÜBER DIE STARRE HAL= TUNG DER ARBEITNEH= MERVERTRETER AUSDRÜCKEN, DIE UNSER ANGEBOT, DAS WAHRHAFTIG GROSSZÜGIG IST – LOHN= ERHÖHUNG UM 2,7% – AB = LEHNEN. ICH MÖCHTE BETONEN, DASS DIES UNSER LETZTES ANGEBOT IST!

ICH WILL MEINE EIGENE AUSBEUTUNG NICHT MITBE= STIMMEN
HUCH'IST DER GUT DRAUF
ES GIBT WIRKSAMERE MITTEL, UM DIESEN MOLOCH AUSBEUTUNG ZU BESEITIGEN
SCHADE! DA HINTEN IST SCHON DAS NEUE KAPITEL

Wissenschaft und Produktivkraft

EH, MÜSST IHR DENN JEDEN SCHUND KAU= FEN ?
ABER DAS IST IN! ALLE HABEN SO'N DING.
BZZT''
PIER

WAS SOLL DAS?
WISSEN SIE WAS, SIE ALTER NÖRGLER? DAS INTERESSIERT MICH NICHT. DAS PRODUKT IST EINE... ÄÄH... VERWERTUNG MEINES KAPI= TALS! FRAGEN SIE DOCH DEN ARBEITER, DER DIESES DING GE= MACHT HAT

MENSCH MEIER, WO BLEIBT DENN DEIN BEWUSSTSEIN?!? FINDSTE DAS GUT, DASS DAS KAPITAL DICH DAZU VERWENDET, UM SOWAS ZU PRODU= ZIEREN?
DU SCHWATZBACKE! KOMM' DOCH MAL HINTER DEINEN BÜCHERN HER= VOR UND WERD' MAL ZUM BLOSSEN PRODUK= TIONSFAK= TOR. VIEL= LEICHT WÜRDEST DU MICH BISSCHEN ANDERS ANLABERN!

MEINSTE, DU MÜSSTEST MIR SAGEN, DASS ICH NICHT SPÜREN WÜRDE, DASS DIE MASCHINE MEIN LEBEN SAUER MACHT. DIE IST KAPITAL! DIE BEUTET UNS AUS! ABER DAS IST NICHT IHRE NATÜRLICHE EIGENSCHAFT. WENN NUN VIELE DIESEN COMIC LESEN UND MICH BE= SUCHEN KOMMEN, DANN KÖNNEN WIR DIESES DING MAL EBEN AUS DEM PRIVAT= BESITZ BEFREIEN! DANACH HAT ES VIEL SPASS!!!

UND DIE WISSENSCHAFT?!? AUCH SIE STEHT IM DIENSTE DES KAPITALS! UND SIE HILFT MIT, UNS AUSZUBEUTEN! ABBA DAS MUSS' NICHT SEIN! WIR KÖNNEN ES REGELN UND DIE WISSENSCHAFT SELBER NUTZEN, FALLS WIR NUR GENUG (DOPPEL?) BOCK HÄTTEN

UND DAS AUTO?!? DAT HAB' ICH NICHT NUR, DAMIT ICH AM 1. MAI INS GRÜNE FAHREN KANN, SONDERN DIE KISTE IST FÜR MICH EINE WARE. ARBEITER HABEN ES PRODUZIERT UND PAAR KAPITALISTEN HABEN ES AUF'M MARKT ALS TAUSCHWERT ZU GELD GEMACHT. EIN TEIL VOM MEHRWERT WIRD WOHL WIEDER IN DIE PRODUKTION GESTECKT, NEUE MASCHINEN WERDEN GEKAUFT UND DIE WERDEN MICH WEITER AUSPRESSEN. EIGENTLICH HASSE ICH DIESE STINKKISTE, ICH FÜHLE MICH AUSGEBEUTET UND FRAG' MICH: WANN LEGSTE DIR ENDLICH EIN SOLIDES HOLLANDRAD ZU. OKAY BABE? DAS WOLLTEST DU DOCH HÖREN

ÄH, JA!

TRABANT

BITTE LESEN SIE DAZU NOCH „DIE NEUE TAGESZEITUNG":

Wiese: HEUTE RIESENAUFZUG ** AUS'M JARICOMIC „DAS KAPITAL"

DIE GESELLSCHAFTLICHEN PRODUKTIVKRÄFTE DER ARBEIT:
KOOPERATION, TEILUNG DER ARBEIT, MASCHINERIE, ANWENDUNG VON WISSENSCHAFT UND TECHNIK ERSCHEINEN ALS PRODUKTIVKRÄFTE DES KAPITALS. JEDE FORTENTWICKLUNG NUTZT IM KAPITALISMUS NICHT DEN ARBEITERN. DIE VON IHNEN PRODUZIERTEN WAREN TRETEN IHNEN FREMD UND FEINDLICH GEGENÜBER UND WERDEN ZU IHRER WEITEREN AUSBEUTUNG VERWENDET. IM KAPITALISMUS ERSCHEINEN PERSONEN ALS DINGE UND DINGE WERDEN PERSONIFIZIERT! DIE ARBEITER WERDEN IM KAPITALISMUS ZU PASSIVEN OBJEKTEN – DIE PRODUKTIONSMITTEL ZU AUSBEUTUNGSMITTEL (Das find' ich echt gemein und doof! d. säzzer & gruß an die Elke!)

UNSERE TÄGL. GABE: FRANKFURTER RUNDSCHAU

DIE NEUE Tageszeitung & Ⓐ

ENTSÄZZLICH

UNSER LIEBER SÄZZER SÄZZTE SICH AB!!!

AUFRUF

KOMM SOFORT WIEDER! WIR BRAUCHEN DICH UNHEIMLICH! ECHT

DER IST ABER DOOF

DER ABER AUCH! ECHT

PS! BRING' DEN SAZZSPIEGEL MIT!

WAHNSINN

THEO SPRENGT SÄMTLICHE BEZIEHUNGSKISTEN!!!

AKTION: KEIN HERZ DARF BLUTEN!

DIE RETTUNG? TITANIC WIRD TAGESZEITUNG!

Die Akkumulation

DAS IST EIN GELDSACK UND NICHT ETWA EIN KARTOFFELSACK!

UND ALS ER WIEDER EINMAL, WIE SCHON SO OFT, IN SEINEM GELD=SPEICHER SASS UND BRÜTETE, KAM IHM PLÖTZLICH EINE IDEE...
ICH HAB'S
100 DUKATEN
IHR BALLEN BAUMWOLLE
...ER GING ZU EINEM HÄNDLER – UND KAUFTE FÜR 100 DUKATEN BAUMWOLLE, PACHTETE EIN HAUS UND ERWARB 3 WEBSTÜHLE

KAUM HATTE ER ALLES BEISAMMEN, ALS AUCH SCHON EIN PAAR VERTRIEBENE BAUERN AUFTAUCHTEN... 3 VON IHNEN - DIE KRÄFTIGSTEN - ENGAGIERTE ER, FÜR JE 30 DUKATEN - ZUSAMMEN ALSO 90 DUKATEN
ALSO LEUTE! 30 DUKATEN FÜR JEDEN. ALLES EASY, ES KANN LOSGEHEN
3X 30 DUKATEN
BISHER HATTE ER ALSO 190 DUKATEN AUSGEGEBEN... ES LIEF ALLES WIE GESCHMIERT...
WEBEN WEBEN WEBEN
WEBEN WEBEN WEBEN

NACH EINIGER ZEIT WAR DIE BAUMWOLLE VERBRAUCHT, DAFÜR LAGEN NEBEN JEDEM WEBER 2 BALLEN STOFF...
AUSGEZEICHNET LEUTE! ICH BIN ZUFRIEDEN MIT EUCH
NA JA, TADELLOSE WARE, SAGEN WIR 300 DUKATEN, EINVERSTAN= DEN?
NA, WAS IST? WIEVIEL BIETEST DU?
SIEHE DA! 300 DUKATEN! UND UNSER KAUFMANN WAR ZUFRIE= DEN!

VON DIESEN 300 DUKATEN HATTE ER ALSO 110 VERDIENT! VON DIESEN 110 DUKATEN VERBRAUCHTE ER NUR EINEN TEIL FÜR SICH! UND FÜR 50 DUKATEN LIESS ER SICH'S ZU= NÄCHST EINMAL GUT GEHEN.*
IHRE RECHNUNG, MEIN HERR! KÖNN' SIE VON DEN STEUERN ABSETZEN
HÄHÄHÄ
NOCH 100 m UND DER KRIEGT EINS MIT'M NU= DELHOLZ AUF DIE BIRNE
* DAS SOLL ABER NATÜRLICH NICHT HEISSEN, DASS ALLE UNTERNEHMER SOLCHE SCHLEMMER SIND. MAN= CHE ZUM BEISPIEL SAMMELN AUCH BRIEFMARKEN FÜR IHR GELD - UND LEBEN VEGETARISCH - BESON= DERS DIE UNTERNEHMER MIT MAGENGESCHWÜREN!

VOM ERFOLG ERMUNTERT, VERSUCHT NUN UNSER UNTERNEHMER DAS GANZE NOCH EINMAL. ER GEHT WIEDER ZUM BAUMWOLLHÄNDLER UND KAUFT DIESMAL UM 1/3 MEHR BAUMWOLLE ALS BEIM ERSTEN MAL
WIEVIEL WÄRE ES DIESMAL?
130 DUKATEN MEIN FREUND
AUSSERDEM ENGAGIERT ER, DIESMAL ZU DEN 3 VORIGEN NOCH EINEN ARBEITER DAZU FÜR INSGESAMT 4x30 — ALSO 120 DUKATEN
ALSO MEINE HERREN: WIEDER ZU DEN SELBEN BEDINGUNGEN! 30 DUKATEN FÜR JEDEN VON EUCH!
DIE 300 DUKATEN WAREN ALSO VERBRAUCHT! UND NUN GING ES WIEDER LOS! UND SIEHE DA NACH ABLAUF DER ZEIT FAND ER IN SEINER KLEINEN FABRIK...

...8 BALLEN STOFF!!! UND NUN GING ES WIEDER ZUM HÄNDLER:
400 DUKATEN
MIT 190 DUKATEN HATTE ER ALSO BEGONNEN, UND NUN HATTE ER SCHON 400 DUKATEN! UND NUN HÖRTE ER NATÜRLICH NICHT AUF, NEIN! GANZ IM GEGENTEIL! STATT WIE BEIM ERSTENMAL 110 HATTE ER DIESMAL 150 DUKATEN GEWONNEN UND ES GING IMMER NOCH WEITER...
DIE 190 DUKATEN, DIE ER ANFANGS INVESTIERT HATTE, HATTE ER SCHON X-MAL WIEDER EINGENOM= MEN UND SCHON EIN PAAR MAL VER= BRAUCHT! TROTZDEM LIEF DAS GESCHÄFT NOCH IMMER. UND ES WURDE IMMER MEHR UND MEHR...
TROTZDEM SCHEINEN DIE 190 DUKATEN NOCH IMMER FÜR IHN ZU ARBEITEN – OBWOHL SIE DOCH SCHON GAR NICHT MEHR DA SIND ?!???HÄCH?!??
WAHNSINN!

Die so genannte ursprüngliche Akkumulation

DEN REICHEN GRUNDBESITZERN – DENEN DAS LAND GEHÖR= TE – GING ES DA SCHON BESSER – SIE WURDEN FETT OHNE ZU ARBEITEN. UND ALS SIE MÖGLICHKEITEN SAHEN, NOCH SCHNELLER NOCH FETTER ZU WERDEN, SAGTEN SIE NATÜRLICH NICHT NEIN:
HAST DU SCHON GEHÖRT? DER SPRING= MANN MACHT JETZT EINEN AUF WOLLE. SOLL SICH ANGEBLICH SEHR RENTIEREN
UND DAS TAT ES IN DER TAT! AUF GRUND DER AUFBLÜ= HENDEN WOLLMANUFAKTUREN VERSTÄRKTE SICH DIE NACHFRAGE NACH SCHAFWOLLE. UND VIELE GRUND= BESITZER KONZENTRIERTEN SICH DANN AUCH AUF DIESEN ERWERBSZWEIG
Hmm! Das wär' doch eigent= lich auch etwas für mich!
blööd!

UND SO KAM ES DANN SCHLIESSLICH AUCH. DIE BAUERN, DIE DIESE FELDER UND WIESEN SCHON SEIT IHRER UR=GROSSVÄTER'S (U. URGROSSMUTTER'S?) ZEITEN FÜR DEN GRUNDHERREN BEARBEITET HATTEN (DENN DAS MEISTE MUSS=TEN SIE JA OHNEDIES WIEDER ABLIEFERN), WURDEN ENTEIGNET, WAS NATÜRLICH NICHT IMMER IN DER FEINEN ENGLISCHEN ART ABLIEF, DA DIE MEISTEN DIESER BAUERN JA SOGAR EIN GESETZLICHES ANRECHT AUF DIESE GRÜNDE HATTEN!

DAS GANZE UNTERNEHMEN GING NICHT IMMER UNBLUTIG AB UND WAR GEKENNZEICHNET VON GEWALT! DIE SO „BEFREITEN" WANDERTEN AUS DEN LANDGEBIETEN IN DIE STÄDTE, UM IHRE ARBEITSKRAFT IN DEN MANUFAKTUREN ZU VERKAUFEN. ABER WAS ERWARTETE SIE DA? – EINE WAHRE ARMEE VON STÄDTERN, DIE EBENSO WIE SIE IHRER PRODUKTIONSMITTEL BERAUBT WORDEN WAREN.
ES WAREN DIES ZUMEIST HANDWERKER, DIE NEBEN DEN ENTSTEHENDEN MANUFAKTUREN NICHT MEHR EXISTIEREN KONNTEN – UND MEHR ODER WENIGER FREIWILLIG SICH AUFKAUFEN LIESSEN! SIE MUSSTEN NUN GENAU SO WIE DIE BAUERN IHRE ARBEITSKRAFT IN DEN MANUFAKTUREN VERKAUFEN UND MEIST NICHT NUR DIE IHRE, SONDERN AUCH DIE IHRER KINDER, IHRER FRAUEN...

ALL DIESE MENSCHEN WAREN FREI: FREI VON PRODUKTIONSMITTELN – UND FREI, IHRE ARBEITSKRAFT VERKAUFEN ZU KÖNNEN – UND – FREI GENUG, UM AUSGEBEUTET WERDEN ZU KÖNNEN ...

MIT DIESER ERSTEN, URSPRÜNGLICHEN AKKUMULATION HATTE SICH DER EBEN GEBORENE KAPITALISMUS SEINE BEIDEN PRODUKTIONSMITTEL: („FREIE") ARBEITSKRAFT UND KAPITAL VERSCHAFT!!!

NA? NOCH 'N MÄRCHEN?

NUN IST GENUG

ICH KANN NICHT NUR GEMEINES HÖREN, ICH MUSS AUCH MAL WAS GUTES TUN'!

BUH! WEG! MIT & HOCH NIEDER
ALLES ASCHE!
BEFREIT EUCH VOM JOCH DES KAPITALISMUS!
JAWOHL! PROLETARIER ALLER LÄNDER VEREI= NIGT EUCH!
NA' BISTE ZUFRIEDEN MIT UNSEREN EMOTIONEN?
KÖNNEN WIR JETZT WIEDER SPIELEN GEHEN? JA?

Der Arbeits-Lohn

WÜSTLING!
AUA!
NICHT IMMER FIEL DIE ERZWUNGENE MEHRARBEIT DEN AUSGEQUETSCHTEN SO DEUTLICH AUF WIE IN DER GUTEN ALTEN ZEIT, NÄMLICH IM MITTELALTER

JAMMER
STÖHN
DER FRONBAUER, DER 4 TAGE IN DER WOCHE FÜR DEN GRUNDBESITZER ARBEITEN MUSSTE, WUSSTE GENAU, WANN ER FÜR SEINEN UNTERDRÜCKER SCHWITZTE

?
?
NUN GUCKT MAL! IHR SEID HEUTE EIN ARBEITER, ABER DU BIST SEIN GEBRAUCHSWERT UND DU SEIN WERT!

UND WAS BEKOMMT IHR VON DEN LUTSCHIES ?!? DEN GEGENWERT EURES WERTES, ALSO DIE REPRODUKTIONSKOSTEN! ABER EUER KAPITALIST KRIEGT DAS, WAS ER VON EURER ARBEITSKRAFT WILL, NÄMLICH EURE FÄHIGKEIT, MEHRWERT ZU PRODUZIEREN!

NEE! IST DAS ALLES GEMEIN UND KOMPLIZIERT. ABER HILF UNS BITTE AUS DIESER SITUATION HERAUS ODER SING UNS WAS VOR
NÖÖ. EUCH KANN ICH NICHT BEFREIEN. ES KANN DIE BEFREI= UNG DER ARBEITER NUR DAS WERK DER ARBEITER SEIN
BITTE, BITTE! HOL' UNS HIER RAUS!
ERSTMAL FESTE KÄMPFEN UND NICHT MEHR DARAN GLAUBEN, DASS DER LOHN DER GEGEN= WERT DER VON EUCH GELEISTETEN ARBEIT IST!
JARI
JARI
JARI

HOFFENTLICH SCHICKT ER UNS NICHT INS NIRWANA

TIEF, TIEF LUFT HOLEN... ...JA!!! ENTSPANNEN... JAAH! UND NUN BEFREIT EUCH VON DER LOHN= ARBEIT

PUFF!

ANARCHIE?

FIT HALTEN FÜR NEUE PROBLEME

Hilfe

Kurzarbeit, Akkord, Überstunden

DA IST MEHR= WERT DRIN !
WARUM ZEIGST DU MIR DAS?
ICH WILL DIR NUR ZEIGEN, DASS TROTZ KURZARBEIT GENAU SO VIEL MEHRWERT FÜR DIE UNTER= NEHMER HERAUSSPRINGT WIE SONST!
JARK
ABER ... ÄÄH, ICH KRIEG' DOCH WENIGER
HIER, GUCK' MAL GENAU HIN! NA-? DIE HABEN GENAU SO VIEL MEHRWERT AUS DIR HERAUS= GEHOLT, ABER WIE DU SCHON RICHTIG GESAGT HAST, KRIEGSTE WENIGER!
DAS IST GEMEIN

UND WAS SAGT DEINE ÜBERSTUNDEN SCHUBLADE
HIER! SCHAU MAL REIN. SIEHSTE, WIE ALLES IN BE= WEGUNG IST? DAS IST DER GESTIEGENE MEHRWERT DURCH LÄNGERE ARBEITSZEIT
UND HIER! DIES' GEWIMMEL IN DER AKKORD-KISTE! SEHR EXTREM! QUASI ERZWUNGE= NER MEHRWERT MITTLERER QUALITÄT!
¡¡¡¡H! ZIEMLICH FIES!
NA? WAS MACHST DU JETZT!?!
ICH WERDE UNTERNEH= MER!
HE!

Die Vermögensbildung

GUCK' MAL! WAS IST DAS?

OINK' OINK' OINK' OINK'

EIN.. SCHÖNES FETTES SPAR=SCHWEIN

DIE SCHWEINE VON HEUTE SIND DER SCHINKEN VON MORGEN

UND WAS MACHEN WIR MIT'M SCHWEIN?

OH, FÜTTERN

WEISST DU WAS? WIR MACHEN 'N GEMÜT= LICHEN ABEND UND ICH ERZÄHL' DIR WAS
OINK!

DAS SPAR= SCHWEIN
ROTWEIN ECHT

NA, SCHMECKT'S
ASTREIN! AUSSEN KNUSPRIG INNEN ZART ROSA

RÜLPS-'SCHULDIGUNG... ÄÄH, MIT DEM SPAREN IST DAS AUCH SO'NE SACHE. STELL' DIR VOR, WIR HÄTTEN DAS SCHWEIN NICHT GEGESSEN, WAS WÄR' DANN?
ÄÄH, 'N GANZ NORMALER ABEND MIT BRATKARTOF= FELN

ÄÄH... DAS AUCH. ABER NORMALERWEISE BRINGT MAN SO EIN SCHWEIN ZUR BANK. UND DIE BANK GIBT DAS KAPITAL DEN SCHWEINEN bzw. UMGEKEHRT
UND DIE WÜR= DEN DAS SCHWEIN FRESSEN

PROST! DAS AUCH. ABER NORMALERWEISE WERDEN DIE SCHWEINE DAZU BENUTZT, UM ZU RATIONALISIEREN. DIE KAPITALISTEN WÜRDEN UNS ALSO NOCH MEHR AUSBEUTEN UND DEIN SCHWEIN WÜRDE DICH QUASI IN DEN ARSCH BEISSEN
ABER DAFÜR KRIEG' ICH DOCH ZINSEN UND DIVI= DENDE

ABER WENN ICH GANZ, GANZ VIELE SCHWEINE HÄTTE, EINEN RICHTI= GEN SAUSTALL, DANN KÖNNT' ICH DOCH UNTERNEHMER SEIN !?!
VERGISS'ES!
GEH'MAL IM ULCUS AUF'S KLO! ÜBER'M ZWEITEN PISSOIR STEHT EIN STAR= KER SPRUCH: „DER UNTERNEHMER HEISST UNTERNEHMER, WEIL ER WAS UNTERNIMMT. DER ARBEITER HEISST ARBEITER WEIL ER ARBEITET. WÜRDE DER ARBEITER WAS UNTERNEHMEN, MÜSSTE DER UNTERNEHMER ARBEITEN!"
STACK!

JUHUU! ENDLICH EIN ERFOLGS= ERLEBNIS!
HALLO! ICH BIN TOTAL GROOVY! WIR MÜSSEN EINEN DRAUF MACHEN
HIGH! AUF DICH HABEN WIR GERADE GEWARTET
DAHINTEN IST KIRMES!

Die freie Marktwirtschaft

WAS IST IN DER TROMMEL DRIN?

NIETE, NEE... ÄÄH, LOSE

DREI STÜCK

3 MARK

...ÄÄH 3€

HABEN WIR WAS GE= WONNEN?
NATÜRLICH NICHT! ICH WOLLT' NUR ZEIGEN, DASS ALLES BETRUG IST!
NA HÖREN SIE MAL! ICH MUSS JA AUCH SCHLIESS= LICH GUT LEBEN
ZACK!
GUCKT MAL, DAS GESELLSCHAFTLICHE GESAMTKAPITAL NIMMT INFOLGE DES AKKU= MULATIONSPROZESSES NICHT NUR STÄNDIG ZU, SONDERN ÄNDERT AUCH SEINE ZUSAMMEN= SETZUNG

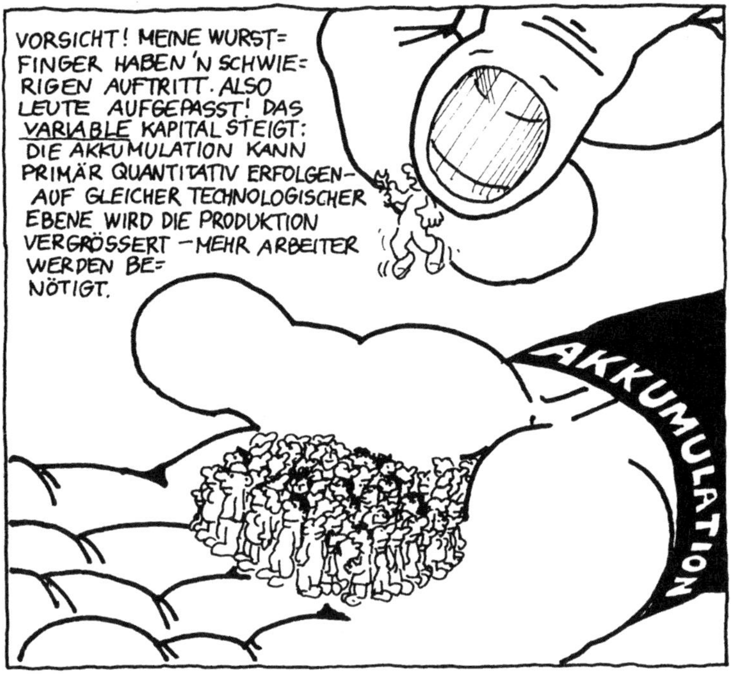

VORSICHT! MEINE WURST=
FINGER HABEN 'N SCHWIE=
RIGEN AUFTRITT. ALSO
LEUTE AUFGEPASST! DAS
<u>VARIABLE</u> KAPITAL STEIGT:
DIE AKKUMULATION KANN
PRIMÄR QUANTITATIV ERFOLGEN –
AUF GLEICHER TECHNOLOGISCHER
EBENE WIRD DIE PRODUKTION
VERGRÖSSERT – MEHR ARBEITER
WERDEN BE=
NÖTIGT.

AKKUMULATION

DAS <u>KONSTANTE</u> KAPITAL
STEIGT: DIE AKKUMULATION
KANN AUCH QUALITATIV
ERFOLGEN. DIE TECHNOLOGIE
WIRD VERBESSERT – NEUE UND
BESSERE MASCHINEN WERDEN
EINGESETZT, DADURCH WIRD
DIE PRODUKTION VERGRÖSSERT
UND WENIGER ARBEITSKRÄFTE
BENÖTIGT. BITTE DIE KEHRSEITE
BEACHTEN →

AKKUMULATION

NEUE MARKE
SUPER
ASTREIN
BETRUG!
yeah!
DA WO RATIO= NALISIERT WIRD, BILDET SICH EINE „RESERVEARMEE" VON ARBEITERN. DIES WIRD NUN VON DEN UNTER= NEHMERN AUSGENÜTZT, UM DIE LÖHNE ZU DRÜCKEN. SO WIRD EIN TEIL DER AR= BEITER ZUR UNTÄTIGKEIT VERURTEILT, WÄHREND DER ANDERE TEIL ZU IMMER GRÖSSERER ARBEITS= LEISTUNG GEZWUNGEN WIRD
BOAAH! WAT SIN DAT VÖÖL
JARI

JETZT GEHT'S NOCH ZUR ATTRAKTION DES RUMMEL= PLATZES!
Helene
KONJUNK-TUR-BAHN 
WIEVIEL?
IHREN LETZTEN GROSCHEN

JUHUU! WIR FAHREN
VORGESCHRIEBENE FAHRTRICHTUNG: STARK RECHTS

WAS 'NE STEIGUNG!!
Preise

HILFE
BLUBB BLUBB
SOZIALE SICHERHEIT

FESTHALTEN!
- KRISE . . .

DIE FAHRT WIRD WOHL GLEICH ZU ENDE SEIN

WÜRG'

HUST'

RÖCHEL

Unsere Zukunft

NUN GUCKT EUCH DAS AN
WARUM DENN?
WAS SOLL DAS?
DAS DING FRISST ARBEITSPLÄTZE, SCHEISST GEWINN UND LÄUFT AUF ATOMSTROM
SEHR RATIONELL
ABER DAS DING WIRFT DOCH ALLE SCHLAUEN THEORIEN UM, DIE WIR BRAV LERNEN SOLLTEN!
ÄÄH, NÖÖ! DAS DING IST EIGENTLICH EINE GLATTE SACHE; ARBEITSZEIT-ERSPARNIS, WENIGER ARBEITER PRODUZIEREN MEHR, DIE WARE KANN SOGAR BILLIGER VERKAUFT WERDEN! UND EXTRA-PROFIT FÄLLT AUCH AB, ABER...

ABBA?
... ABER (LEIDER?) DAUERT DIESE HERRLICHKEIT NICHT LANGE...
... DIE ANDEREN UNTERNEHMER WOLLEN AUCH MIT DER MASCHINE EXTRA-PROFIT UND SETZEN DIE MASCHINE EIN UND DER PREIS FÜR DIE WARE FÄLLT AUF DIE TATSÄCHLICHE HÖHE UND WEG IST DER EXTRA-PROFIT

YOU CAN'T ALWAYS GET WHAT YOU WANT!
ÄÄH
ICH BIN WIEDER DA, WO ICH ANGEFANGEN HABE! ABER MIR GEHT'S NOCH SCHLECHTER ÄÄÄH!!! OHNE EXTRA-PROFITE BIN ICH WIEDER AUF DEN GEWINN AUS DER MEHRARBEIT ANGEWIESEN, UND DIE LEISTEN MIR DIE ARBEITER, DIE ICH ABER ENTLASSEN HABE! SCHLUCHZ'

LALÜ-LALA
UUUAAAAH
LETZTE HILFE

TYPISCHE MANAGER=KRANKHEIT
WENN DAS SO WEITER GEHT MIT'M FORTSCHRITT, SIND WIR TOTAL ÜBER=AUTOMATISIERT!!! ICH HAB' DANN KEINE GEWERKSCHAFTLICH ORIEN=TIERTEN ARBEITER MEHR ZUM AUS=LUTSCHEN! KEINE MEHRARBEIT-KEIN' MEHRWERT-KEIN' GEWINN
UND EXTREME MANGEL=ERSCHEINUN=GEN!

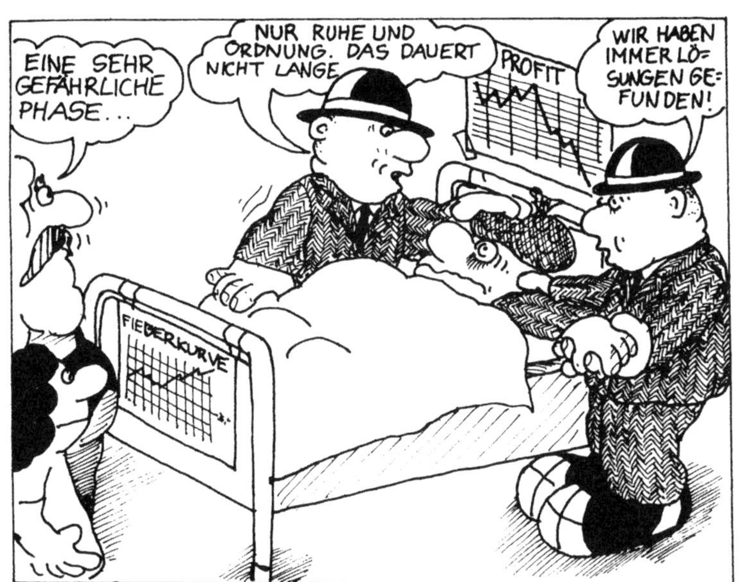
EINE SEHR GEFÄHRLICHE PHASE...
NUR RUHE UND ORDNUNG. DAS DAUERT NICHT LANGE
PROFIT
WIR HABEN IMMER LÖSUNGEN GEFUNDEN!
FIEBERKURVE

JA KRIEG!!!
UND ICH KRIEG' WIEDER EXTRAPROFIT
PSSST!
PEINLICH

AUF DER INTENSIVSTATION KRIEGEN WIR IHN WIEDER HIN...
INTENSI... INTENSITÄT TATÄT TATÄT TATÄT

ALLES EASY KOLLEGEN
ICH GEH' JETZT MIT INTEN= SITÄT DRAN UND ALLEINE
DAS GING JA SCHNELL

HÄHÄHÄ, ICH LASS' ALLES BISSCHEN SCHNELLER LAUFEN! DIE WENIGEN ARBEITER BEDIENEN EINFACH PAAR MASCHINEN MEHR. OH, SPÄTKAPITALISMUS! RIESIGE PRODUKTION! ICH BESCHAFF' MIR EIN MONOPOL, DANN GEHT'S MIR NIE MEHR SCHLECHT!!!
UUUAAAAAHHH

1
KAPITALIS-
MUS
SCHLUCHZ'
HÄTTEST DU
DAS GEDACHT?

TRAURIG?
HMMM... DER FORTSCHRITT GEHT BISSCHEN ZU WEIT
ZU HART!

ABER ICH GEBE NICHT AUF!!! JETZT 1-2-3, ALLE:
PROLETARIER...
HÄCH?
WIE BITTE?

...ALLER...
VORSICHT!

BISTE MIT DEINEN THEORIEN AUF DIE NASE GEFALLEN?
PIEP

?
AUCH DIESES PROBLEM LÄSST SICH DIALEKTISCH LÖSEN
HALT!
JARI

DA! UNTER DEM PFLASTER LIEGT DER STRAND!
DIESE SPONTI-SPRÜCHE

?

UND NUN?
WIR BASTELN 'NE NEUE GESELL= SCHAFT
'NE GANZ SCHÖNE!

ZUERST PFLANZEN WIR WIEDER PAAR BÄUME
OKAY! ICH MACH' MIT! ICH KENN' DA= HINTEN 'NE KADERSC?! ÄÄH 'NE BAUM= SCHULE

BAUMSCHULE
1a. FAHNEN ZU VERKAUFEN
IM BESITZ DER BELEG-SCHAFT!
LEUTE KAUFT MASSEN-HAFT!
WIR FÜHREN ALLE SORTEN! WIRKLICH ALLE
UNBEQUEME RATEN-ZAHLUNG
HEUTE KAUFEN MORGEN VERÄNDERN
JARI

DIESE BÄUME SIND SOWAS WIE EIN PARADE=BEISPIEL

WIR SIND DIE RICHTI=GEN BÄUME ZUR AUF=FORSTUNG DES SOZIA=LISMUS!

DARAUS WERDEN SCHÖNE STRAMME BÄUME! WERDEN ABER IN EINGEZÄUNTEN SCHONUNGEN GEHALTEN, OBWOHL SIE EIGENTLICH SCHON AUSGEWACHSEN SIND

VERLASSEN DES FORSTGEBIETES VERBOTEN

VIELE WÄHLEN DIESES KLEINE ÜBEL
?
LEIDER NICHT SEHR STANDHAFT
!
THEORETISCH DÜRFTE ER DORT NICHT WACHSEN, WO ER AM BESTEN GEDEIHT
10 000

NEE, NEE...
GUCKT EUCH
DAS AN...
ICH WEISS WIRK-
LICH NICHT, WARUM
DIESER BAUM SO
BELIEBT IST. DIE
FRÜCHTE SIND DOCH
UNGENIESSBAR!
DABEI SIND DIE KLEINEN
VON DIESER SORTE
GANZ PUTZIG
ABER VIELLEICHT
MACHT SICH DER
ERBSCHADEN ERST
BEMERKBAR, WENN
DIE BÄUMCHEN GRÖS=
SER WERDEN!
ZUM GLÜCK GIBT'S
NOCH JEDE MENGE
ANDERE SORTEN
OH! EIN
ALTERNATIVER
BIOBAUM
BOAH! IST DER
SCHÖN GRÜN!
HOFFENTLICH
WÄCHST DER
IN DER SCHMIE=
RE HIER

PASS AUF! DER HARTE KERNBAUM! WÄCHST IM UNTER= GRUND, VERMEHRT SICH DURCH DRAUFTRETEN
JAR
DAS IST DER WURZELBAUM. IST PAUSENLOS AUF SUCHE NACH VOLKSMASSEN IN'M LUFTLEEREN RAUM
LEVOLU= TION!!!
WIE BITTE?
ⒶⒶH! WAS IST DAS FÜR'N LIBER= TÄRES GE= WÄCHS?
HIER GIBT'S ECHT UNHEIMLICH VIELE BRAUCHBARE SORTEN
WEISST DU WAS?!? WIR NEHMEN ALLE
SCHLUCK'

NEE!
DOCH
UFF!
STUNK
ZANK
ZERR
BLA BLA
LABER LABER
KLAPPT DOCH PRIMA!
NA JA...
THIS IS THE END MY FRIEND
DAS IST ABER SCHADE

30 Jahre später ...

DER JARICOMIC ALS REPRINT!

BUCHEN STATT BÜCHER

LASS MAL EINS RÜBER WACHSEN

GEFÄLLT MIR!

GEFÄLLT MIR NICHT

40 JAHRE VSA-Verlag

PIRATEN PLATANEN

NÖÖ, ZU LINKS & KEINE LINKS

40 JAHRE VSA-Verlag

LINK DICH EIN!